BARRIO

El barrio de José

George Ancona

HARCOURT BRACE & COMPANY   *San Diego   New York   London*

Requests for permission to make copies of any part of the work should
be mailed to: Permissions Department, Harcourt Brace & Company,
6277 Sea Harbor Drive, Orlando, Florida 32887-6777.

El autor quiere agradecer a los muralistas que con su trabajo llenaron de
color al barrio de José y las páginas de este libre: "Silent Language of
the Soul/El lenguaje mudo del alma" copyright © 1990 Juana Alicia
and Susan Kelk Cervantes; todos los derechos reservados. "Si se puede"
copyright © 1995 Juana Alicia, Margo Bors, Susan Kelk Cervantes,
Gabriela Lujan, Olivia Quevedo, and Elba Rivera; todos los derechos
reservados. "500 Years of Resistance" copyright © 1993 Isaías Mata;
todos los derechos reservados. "Maestrapeace" copyright © 1994 Juana
Alicia, Miranda Bergman, Edythe Boone, Susan Kelk Cervantes, Meera
Desai, Yvonne Littleton, and Irene Pérez; todos los derechos reservados.
"Culture Continued: The Seed of Resistance Which Blossoms into the
Flower of Liberation" copyright © 1984 Miranda Bergman and O'Brien
Thiele; todos los derechos reservados.

Library of Congress Cataloging-in-Publication Data
Ancona, George.
[Barrio. Spanish]
Barrio: el barrio de José/George Ancona.
p.   cm.
Summary: Presents life in a barrio in San Francisco, describing the school,
recreation, holidays, and family life of an eight-year-old boy who lives there.
ISBN 0-15-201808-5
1. Mexican American families—California—San Francisco—Social life
and customs—Juvenile literature.   2. Mission District (San Francisco,
Calif.)—Social life and customs—Juvenile literature.   3. San Francisco
(Calif.)—Social life and customs—Juvenile literature.   [1. Mexican
Americans—San Francisco (Calif.) 2. San Francisco (Calif.)—Social life
and customs.] I. Title.
F869.S39M5318 1998
979.4'610046872073—dc21   97-42307

Title hand-lettered by Pablo Ancona
Text set in Galliard
Designed by George Ancona and Camilla Filancia

First edition   F E D C B A

Printed in Singapore

PARA Liz Bicknell

EL MISSION DISTRICT de San Francisco se nombró así por la Misión Dolores. La iglesia fue construida por los misioneros españoles y fue terminada en el año 1791. Es el edificio más antiguo de San Francisco. El distrito siempre ha acogido a los diversos grupos de inmigrantes que llegaron de Europa, Asia y América Latina, a establecerse en el norte de California. Comenzando con la segunda guerra mundial, la mayoría de los inmigrantes llegaron de México y otros países al sur de la frontera con los Estados Unidos, así que el ambiente del distrito se ha vuelto más latino.

En este pequeño rincón de los Estados Unidos se puede ver como los nuevos habitantes del país rehacen sus vidas mientras conservan la cultura de sus tierras natales. La gente de aquí refiere al Mission District cariñosamente como el barrio.

José Luís vive en el barrio y asiste a Cesar Chavez Elementary School. Él y su familia hablan español en casa, pero en la escuela José está en una clase bilingüe de español e inglés. La escuela refleja las diversas necesidades e intereses del barrio y, además del español, ofrece clases bilingües en chino y un programa de la historia de los negros.

La maestra de José, la Señora Rebecca, le habla de sus tareas antes
de mandarlo al recreo. Cuando le preguntan qué le gusta de su escuela,
José responde, "Me gusta mi maestra, dibujar y los deportes." Él sonríe.
"Pero no las tareas."

José y sus compañeros se suben sobre el trepador y se divierten con diversos juegos durante la hora de recreo. Un juego favorito es policías y ladrones. Los policías cuentan uno, dos, tres, quatro…mientras los ladrones se esconden por el patio de la escuela. Al contar veinte, los policías gritan, "¡Córrele!" y corren a buscar los ladrones. Cada ladrón tiene que esperar en "la cárcel" sentado en un banco. Si un ladrón libre llega al banco, puede liberar a los presos de su equipo y los policías tienen que detener a todos los ladrones de nuevo. Una vez que todos los ladrones estan encarcelados, entonces los dos equipos cambian de lado.

En la pared detrás de la escuela están pintando un nuevo mural. La figura central es César Chavez, el líder chicano de la lucha de los campesinos que formaron el sindicato de obreros migratorios (the United Farm Workers Union). Cuando murió Chavez en 1993, los maestros y los padres renombraron la escuela en su honor. El mural es la obra de artistas que han pintado muchos edificios del barrio.

Los murales cantan las historias del barrio. Un retrato de Rigoberta Menchú domina un lado del edificio de mujeres (the Woman's Building). Ella protestó contra la matanza de su pueblo, los Mayas de Guatemala, y en 1993 recibió el premio Nobel de la paz.

José mira hacia arriba a los murales en la rectoría de la iglesia de St. Peter. Los murales fueron hechos por un pintor de El Salvador que había sido un preso político en su país. La iglesia logró liberarlo de El Salvador por medio de una invitación a San Francisco para pintar la rectoría. El mural muestra algunas de las culturas indígenas de las Américas, y rinde homenaje a los hombres y mujeres que lucharon por la justicia social.

Gracias a los murales, pasear por el barrio es como andar por la historia de la gente que vive allí. Muchos de los residentes del barrio son refugiados que huyeron de sus países para salvar sus vidas. Ellos vieron matar a amigos y parientes, y decidieron buscar seguridad en los Estados Unidos. Otros vinieron para escapar la pobreza. Algunos están tan desesperados que se quedan aquí sin permiso. Estos no tienen derecho de trabajar en este país, así que mucha gente les paga muy poco por su trabajo.

Algunos inmigrantes regresan a sus tierras natales cuando la vida allá mejora. Otros encuentran difícil regresar, una vez que sus hijos han crecido en los Estados Unidos. Muchas familias se quedan y se vuelven ciudadanos, como los inmigrantes que fundaron este país. Ellos creen que si trabajan duro sus hijos tendrán una vida mejor.

El carnaval es la fiesta más grande del barrio y se celebra en la primavera. La gente del barrio se réune para un fin de semana lleno de música, baile y un gran desfile.

Por semanas los niños de Buena Vista Elementary School han estado ensayando para el carnaval. Están usando pájaros como el símbolo de la libertad porque los pájaros no reconocen fronteras. Los padres, maestros y alumnos construyen una carroza alegórica en forma de un pájaro gigante con alas que se mueven.

El domingo, todo el mundo se junta para el desfile. Los alumnos y maestros están vestidos de pájaros con alas y plumas. En la carroza cantan una canción bilingüe escrita por uno de los maestros. Un grupo canta un verso mientras el otro grupo responde.

Birds have no borders
We take no orders
You don't know
We do so
Voy por doquiera
No hay frontera
¿Y tú qué sabes?
Somos aves

Los pájaros no tienen fronteras/ No obedecemos/ Tú no sabes/ Seguro que sí

Los niños de las escuelas del barrio y gentes de diferentes culturas marchan en el desfile. Mueven sus banderas a los distintos ritmos de salsa, reggae, merengue y samba. Danzantes con zancos descollan y bailan con los parrandistas disfrazados. Algunos andan en sillas de ruedas seguidos por patinadores con Rollerblades. Un payaso hace malabares con bolas mientras otro toca su trombón entre la gente que aplaude en la acera.

Una calle está cerrada al tráfico por algunas manzanas, y hay puestos de comidas, diversiones y dos teatros están montados en cada extremo. El aire está lleno de sabrosos olores de tacos, barbacoa, pasteles, gyros y otros platillos del mundo entero. Músicos sobre tablados tocan música durante todo el fin de semana.

Además de las fiestas, hay otras actividades que reúnen a los vecinos. Tres jardines comunales ocupan a la gente durante los meses de verano. Uno es contiguo a un nuevo patio de recreo donde los vecinos siembran arbustos. En otro jardín, padres e hijos siembran semillas y cosechan vegetales en sus propias huertecitas.

Muchas casas en el barrio son muy antiguas.
Hay unas que tienen lindas puertas, arcos y
molduras talladas y pintadas en colores brillantes.
José vive en una de estas casas con sus padres y
dos hermanas, Susy y la pequeña Fabiola.

Los padres de José vinieron a este país cuando
eran jóvenes. Su papá vino para estudiar y conoció
a la mamá de José. Se casaron y se mudaron a un
departamento que les ofreció un pariente.

Casi toda la familia de José vive cerca. Sólo su
abuelo y una tía todavía viven en México. José
los visita durante el verano y allí puede montar
a caballo.

Pero el barrio no es perfecto. A José no le
gustan las pandillas. Tampoco le gustan los
borrachos que se sientan en los patios de recreo
para fumar y tomar.

A pesar de los problemas, los padres de José
no piensan mudarse del barrio. Dicen que
cualquier barrio tiene problemas. "Además,"
dice su papá, "estamos muy ocupados viendo
crecer nuestros hijos."

El fútbol es el deporte más popular del barrio. José ha jugado con su equipo por cinco años; él ha ganado muchos troféos. El sábado su papá lo lleva a jugar un partido en otro barrio. Durante el partido su papá le grita consejos desde la barrera. José hace dos goles y su equipo gana 3–1. Mañana José verá jugar a su papá con su equipo de adultos.

La calle veinticuatro es una de las calles principales del barrio, donde muchas tiendas venden productos de América Latina. Letreros por la calle están en español, inglés y algunas veces con una mezcla de los dos. Hay taquerías, carnicerías, boticas, panaderías y mexicatessens en los dos lados de la calle. José acompaña a su mamá y a su hermanita, Fabiola, cuando van de compras. Compran jitomates, nopales, plátanos machos, mangos y mole. José paga. Su papá quiere que José sepa el valor del dinero y lo que puede comprar.

Llegan a una panadería y entran. Los olores de canela y vainilla llenan la tienda. Compran pan dulce. Es difícil para José escoger cuál de los sabrosos panes azucarados comprar para el desayuno de mañana. La última parada del día es para un barquillo de helado, que José comparte con Fabiola.

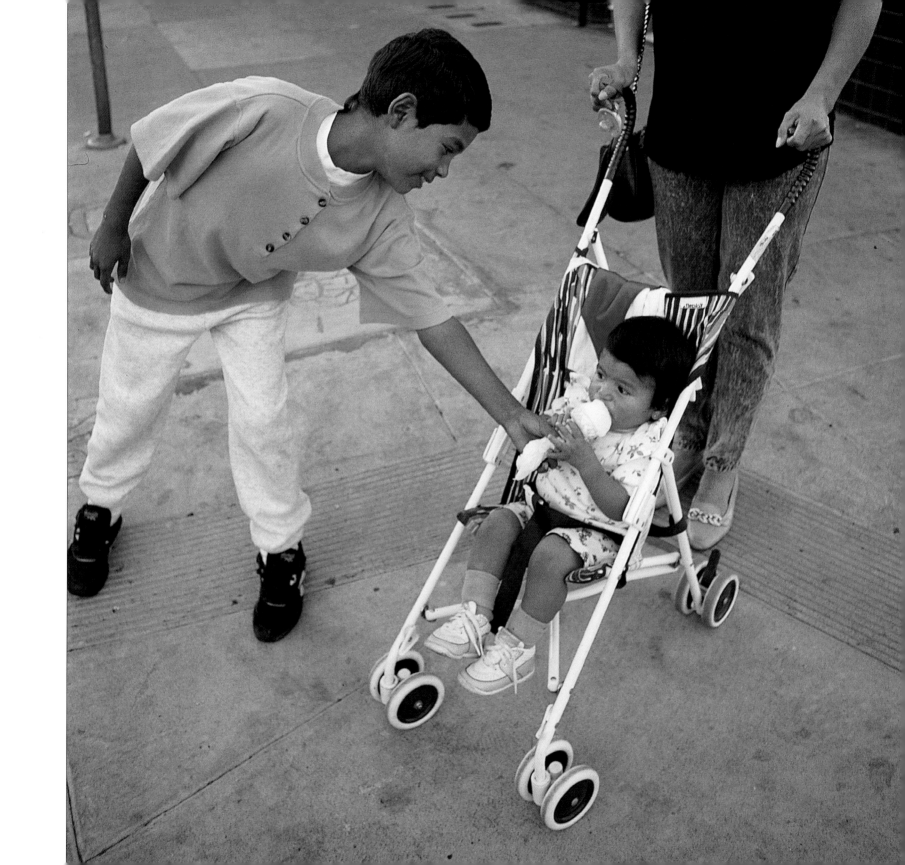

El otoño trae Halloween, el
día para máscaras, calabazas y
diversiones. En la escuela Cesar
Chavez Elementary, se hace
un desfile en el patio de recreo.
Una maestra disfrazada está
a la cabeza de cada clase. La
directora, Pilar Mejía, es la hada
madrina que toca a José y a los
otros alumnos con su varilla
mágica.

Uno de los papás entretiene a los alumnos con un espectáculo de malabares y comedia. Los niños miran con bocas abiertas y risitas.

Después del Halloween el barrio se prepara para el 2 de noviembre, El Día de los Muertos, una fiesta alegre en la cual la gente festeja a sus queridos difuntos. Los niños hacen máscaras de calaveras. Los confiteros fabrican cantidades de calaveras de azúcar, que decoran con nombres de niños. Las calaveras se regalan con pan de muertos.

Esqueletos cómicos de cartón piedra están vestidos con ropa normal para burlarse de los vivos y de la muerte misma. Se burlan incluso hasta del confitero y del mozo del panadero.

A veces el espiritu que se extraña
no es de una mujer o de un hombre
pero de una patria, de la tierra que
por causas que fueron poderosas e
invincibles teremos que despedimos de ella
Se extraña Como se extraña la una
madre, un padre, por que esa tierra, ese
pueblo, tambien nos dio vida, nos dio fuerza
Ya sea   Guatemala, El Salvador, Nicaragua
u otro lindo pais la distancia desde
ANA hasta aqui a veces se siente
como la distancia que separa nuestro
Corazón con el corazón de un amor
que ya no vive en este mundo.

Por las calles los tenderos ponen ofrendas
en sus vitrinas para honrar a los parientes y a
amigos difuntos. En la escuela Cesar Chavez
han puesto un altar en el pasillo para que los
alumnos y maestros tengan un lugar donde
poner las fotos de sus queridos difuntos.
Entre las fotos hay una de un maestro
favorito que murió del SIDA. Fotografías,
dibujos, comida y juguetes están puestos
en el altar como ofrendas. En su casa, José
prende una vela en memoria de sus abuelos.

Los alumnos y los maestros van al
Golden Gate Park donde hay un
bosquecillo en homenaje a los que
murieron del SIDA. La escuela va a
honrar la memoria del maestro que
murió el año pasado. Cantan, y luego,
un maestro, Brother Mfuasi, ofrece
una libación, una ceremonia que con-
siste en derramar agua sobre la tierra.
Otra maestra ayuda a los niños en la
ceremonia asiática de quemar cartas
escritas al difunto. Los pensamientos
de los niños se convierten en humo
que sube flotando al querido maestro.

Esa noche el barrio está lleno de música.
En el cruce de las calles veinticuatro y
Mission, los mariachis dan serenata
a la procesión de disfrazados en zancos
que bailan con payasos y espectadores.
Esqueletos y fantasmas aparecen y
desaparecen en la obscuridad.

Unos meses más tarde, cuando llega el cumpleaños de José, él y su mamá van a comprar una piñata de México. Él estira el cuello para buscar entre las varias piñatas que están colgadas del techo. Al fin, José se decide por el caballo y se lo lleva a casa montado en su cabeza.

En la cocina, su mamá cocina pavo con mole, arroz y tortillas, y ayuda José a llenar la piñata con dulces para él y sus amigos.

Cuando llega del trabajo, el papá de José amarra la piñata llena a una soga. Entonces se trepa sobre una escalera y cuelga la piñata sobre la cabeza del bateador con los ojos vendados. El primer golpe le quita la cabeza al caballo. "Estas piñatas ya no se hacen como antes," dice el papá de José mientras junta los pedazos con cinta para que sigan pegando los otros niños. Al fin la piñata estalla y todos los niños se tiran a recoger los dulces desparramados.

Después los niños comienzan a jugar al baloncesto, usando una caja sin fondo como la cesta. Pero el juego se ataja cuando la mamá de José les llama a comer.

Los niños se sientan en frente de platos de piernas de pavo con arroz y mole. Todos se sirven chiles jalapeños de un platón que está en medio de la mesa. La mamá de José les sirve tortillas calientitas de la estufa. Ella se sienta a comer sólo después de que todos han terminado. Entonces el papá de José le sirve tortillas calientes a ella.

La hermana mayor de José, Susy, ayuda a su mamá a levantar los platos. Ahora todos se unen para cortar el pastel. Mientras José se para detrás del pastel, todos cantan "Cumpleaños Felíz" a la melodía tradicional de "Happy Birthday."

José sopla y apaga las velas y todos empiezan a gritar, "¡Que lo muerda!, ¡Que lo muerda!"

Cuando José se inclina hacia el pastel para morderlo, uno de sus primos lo empuja sobre el pastel. José levanta la cabeza y presume su cara llena de crema. Todo el mundo se rie.

Así celebra José otro cumpleaños en el barrio con su familia y sus amigos. Ya que vive en el barrio es más facil para él mantener muchas de las costumbres y tradiciones de sus padres al mismo tiempo que aprende algo de las diferentes culturas de sus compañeros de clase y de la gente de su barrio. Para José el barrio es más que su hogar, es la ventana que da al mundo entero.

Gracias. Quisiera agredecer a las personas que me ayudaron a hacer este libro. A José Luís Ferreira, Jr. y su familia, quienes me recibieron en sus vidas con agrado. A Pilar Mejía, la directora de Cesar Chavez Elementary School, Rebecca García-Gonzalez, Francisco Javier Herrera, Betty Pazmiño, Marta Estrella, los maestros que me invitaron a sus clases. A la directora, Adelina Arámbola, y a los maestros, padres y alumnos de Buena Vista Elementary School, que me permitieron fotografiar su exuberante celebración de carnaval. A Felipe Pasmanick, por dejarme reproducir su canción, "Birds Have No Borders." A María Pinedo, Mía Gonzalez y Gloria Jaramillo de La Galería de la Raza, por el apoyo, la ayuda y hospitalidad durante mis visitas al barrio. A Susan Cervantes, Juana Alicia, Olivia Quevado e Inti Guzmán, de Precita Eyes Mural Arts Center, por el permiso de observarles mientras trabajaban. A Isaías Mata, que me dió permiso para fotografiar su mural en las paredes de la rectoría de la iglesia de St. Peter. Y a toda la gente cuyas sonrisas y respuestas a mis preguntas me hizieron sentir bienvenido en su barrio.